Glaube, Zweifel, Zuversicht

Christsein im Alltag

Rainer Leukel

Rainer Leukel

GLAUBE
ZWEIFEL
ZUVERSICHT

Christsein im Alltag

Bibliografische Information der Deutschen Nationalbibliothek:
Die Deutsche Nationalbibliothek verzeichnet diese Publikation in der
Deutschen Nationalbibliografie; detaillierte bibliografische Daten sind im
Internet über http://dnb.dnb.de abrufbar.

Soweit nicht anders angegeben, sind die Bibelverse folgenden Ausgaben
entnommen:
Lutherbibel, revidiert 2017, © 2016 Deutsche Bibelgesellschaft, Stuttgart (Lut
2017).
Neues Leben. Die Bibel, © der deutschen Ausgabe 2002 und 206 SCM-Verlag
GmbH & Co. KG, Witten (NLB).

Korrektorat: Mirja Wagner
Bildrechte Cover: Photo by Aaron Burden on Unsplash
Bildrechte Fotos: Rainer Leukel, Marburg; istock: VolNa69

Herstellung und Verlag: BoD – Books on Demand, Norderstedt

ISBN: 978-3-7519-0723-1

Inhaltsverzeichnis

Vorwort

Liebe Leserin, lieber Leser,

unser täglicher Umgang mit anderen Menschen in Wort und Schrift hat großen Einfluss auf unser Leben. Der christliche Glaube kann uns dabei unterstützen, zu versuchen Dinge mit einer positiven Einstellung anzugehen. Auch wenn manche Ereignisse erst einmal nicht dazu ermutigen, macht es vieles einfacher. Dadurch kann sich unser Umgang mit schwierigen und belastenden Situationen wesentlich verbessern. Ich hoffe, die Beispiele und Lösungsvorschläge aus meinem Buch, die sich – wie der Titel schon sagt – mit dem Glauben, dem Zweifel und der Zuversicht für unser Leben befassen, leisten dazu eine hilfreiche Unterstützung.

Vorweg ein paar Worte zu meiner Person, damit Sie ein wenig besser verstehen können, warum mir die Themen dieses Buches so sehr am Herzen liegen.

Ich bin 1965 in Siegen geboren und in Brachbach, einem Ort in Rheinland-Pfalz, aufgewachsen. Seit 1986 bin ich mit meiner Frau Anja verheiratet und gemeinsam haben wir drei erwachsene Kinder: Philipp, Christopher und Sophia. Seit 2012 lebe ich mit meiner Frau und unserer Tochter in Marburg.

1991 bin ich von der katholischen zur evangelischen Kirche konvertiert – trotz der

Konvertierung ist der Glaube an Gott für mich keine Frage der Konfession. Meine Frau war zwanzig Jahre Küsterin in der ev. ref. Kirchengemeinde Rödgen, ich selbst war in dieser Zeit dort als ehrenamtlicher Mitarbeiter in verschiedenen Funktionen tätig.

In diesem Buch möchte ich mich u. a. mit den guten und schlechten Erfahrungen befassen, die ich über viele Jahre mit dem christlichen Glauben gemacht habe: Dazu gehören auch Zweifel, Fragen, Perspektiven, Sinn, Vergebung und viele andere Themen.

Wir werden jeden Tag vor neue Herausforderungen gestellt, mit denen wir umgehen müssen, und ich möchte mit diesem Buch helfen und Vorschläge machen, was man anders oder besser machen könnte. Natürlich mache auch ich jeden Tag Fehler. Aber Vorschläge zu machen, die man gut findet, schließt ja nicht aus, dass man selbst in diesen Bereichen immer mal wieder Fehler macht.

Der Glaube ist für Christen der tägliche Begleiter und so möchte ich verschiedene Themen ansprechen, die genau diesen Glauben betreffen: Ein Thema wird auch der Umgang mit Andersdenkenden und ungläubigen Menschen sowie der Respekt vor anderen Religionen sein.

Auch belastende Situationen im Alltag spreche ich an und möchte Lösungen dazu vorschlagen.

Glaube, Zweifel, Zuversicht: Christsein im Alltag – der Titel und der Inhalt dieses Buches sollen Ihnen, liebe Leserin und lieber Leser, vor allem Mut machen für Ihr Leben hier auf Erden und für das, was danach kommt:

- Christsein ohne Wenn und Aber?
- Wie ist das mit dem Vergeben und Vergessen?
- Sind Zweifel im Glauben erlaubt?
- Werden christliche Feiertage immer bedeutungsloser?
- Warum lässt Gott das zu?
- Krankheit, Pflegefall – was nun?
- Was ist der Sinn des Lebens?
- Was kommt nach dem Tod?
- Christsein auch im Alltag?
- Warum Weinen so wichtig ist

Dies sind wichtige Fragen, mit denen wir in unserem Leben früher oder später konfrontiert werden oder die wir uns selbst irgendwann stellen.

Meine Ausführungen beinhalten die guten und Mut machenden Erlebnisse, die ich in den letzten Jahren mit der Kirche und dem Glauben gemacht habe. Es kommen aber auch Dinge zur Sprache, mit denen ich nicht einverstanden bin.

Ich gehe ebenfalls darauf ein, was wir Christen besser anders machen oder lassen sollten.

Dieses Buch soll aber vor allem Motivation für das sein, was der Glaube an Jesus

Christus in unserem Leben und darüber hinaus Positives bewirken kann.

Die einzelnen Abschnitte dieses Buches lassen sich nicht immer ganz voneinander trennen. Viele Themen gehören einfach zusammen und gehen ineinander über.

Mir war es wichtig, dass dieses Buch im Großdruck erscheint, damit auch Menschen, die an einer Sehschwäche leiden (wie ich), den Text mühelos lesen können.

Nun wünsche ich Ihnen viel Freude beim Lesen.

Ihr Rainer Leukel, März 2020

Kapitel 1: Christsein ohne Wenn und Aber?

Sicherlich eine Frage, die man nicht mit einem Satz beantworten kann.

Ich habe in meinem Leben schon sehr viele Predigten und Andachten gehört.

Neben meiner eigenen Bibelrecherche habe ich auch viele Berichte und Bücher zum Thema Glauben und Christsein gelesen. Oft waren dies für mich sehr hilfreiche und wohltuende Momente, weil ich daraus Kraft und Zuversicht für mein Leben schöpfen konnte.

Einige Vorträge, die ich gehört habe, machten mich aber auch sehr nachdenklich und haben mich sogar verärgert. Häufig war eine gewisse Überheblichkeit gegenüber

Andersdenkenden Menschen aus den Predigten herauszuhören.

Leider habe ich diese Arroganz, um es mal mit diesem Wort zu beschreiben, auch öfters bei Gottesdiensten in Kirchen und Freikirchen festgestellt.

Aber: Wir sind als Christen nicht besser als ungläubige Menschen oder Anhänger anderer Glaubensrichtungen oder Religionen.

Ich kenne viele Menschen, die ich sehr schätze und vor denen ich großen Respekt habe, die mit der christlichen Botschaft entweder wenig anfangen können oder sich zumindest damit sehr schwertun.

Oft sind diese Leute sogar größere Vorbilder für mich, was den Umgang miteinander angeht, als so manche Christen.

Manchmal hatte ich das Gefühl, dass es in jedem Fußballverein anständiger zugeht, als unter den frommen Anhängern von Kirchengemeinden oder anderen christlichen Institutionen.

Uns steht es als Christen nicht zu, Menschen zu verurteilen, die unseren Glauben nicht teilen.

Die Menschen, die so etwas tun, können mit ihren Verurteilungen sehr viel Schaden anrichten.

Den folgenden Satz möchte ich den Zeitgenossen mit auf den Weg geben, die ständig versuchen, Menschen zur Bekehrung zu überreden, denn meistens erreichen diese durch ihre oft sehr bedrängende Art genau das Gegenteil:

Wir sollen als Christen Gottes Wort bezeugen. Das Überzeugen dürfen wir getrost ihm überlassen.

Der Apostel Paulus schreibt hierzu:

„Den Schwachen im Glauben

nehmt an und streitet nicht über

Meinungen."

(Römer 14,1; Lut 2017)

„Denn ich bin gewiss, dass weder

Tod noch Leben, weder Engel noch

Mächte noch Gewalten, weder

Gegenwärtiges noch Zukünftiges,

weder Hohes noch Tiefes noch

irgendeine andere Kreatur uns

scheiden kann von der Liebe

Gottes, die in Christus Jesus ist,

unserm Herrn."

(Römer 8,38-39; Lut 2017)

Wie bereits erwähnt: Wir Christen sind nicht besser als andere Menschen. Aber der Glaube hilft uns, mit bestimmten Ereignissen gelassener umzugehen. Wenn man uns das auch noch ansehen würde, dann könnten wir auf andere Menschen viel positiver und einladender wirken. Das ist viel wichtiger, als ständig fromme Sprüche von sich zu geben.

Wie oft stellen wir in verschieden Situationen unseres Lebens fest, dass die Menschen, die sich selber nicht ständig in den Vordergrund stellen, die wirklich Wichtigen sind.

Ich habe auch vor gläubigen Menschen anderer Religionen und vor Lebenseinstellungen wie dem Buddhismus großen Respekt. Vieles, was wir von den Buddhisten lernen können, kann eine wertvolle Bereicherung für unser Leben sein. Wenn wir all das beherzigen, dann machen wir als Gemeinde Jesu schon einen großen Schritt in die richtige Richtung.

Lasst uns kein Glaubenshindernis für andere Menschen sein!

Kapitel 2: Wie ist das mit dem Vergeben und Vergessen?

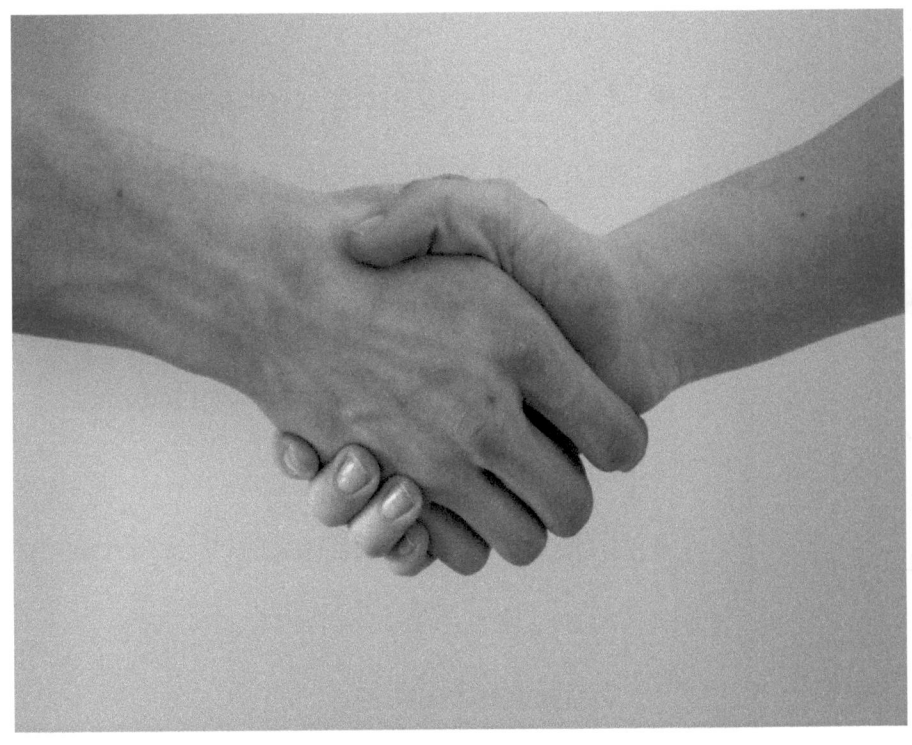

Ein spannendes Kapitel, was uns immer wieder fordert und zum Nachdenken bringt. Ich möchte dieses Thema aus verschiedenen Perspektiven betrachten:

- Die Vergebung, die Jesus uns zusagt, wenn wir schuldig werden.
- Die Vergebung den Menschen gegenüber, die uns verletzt haben.
- Unser Wunsch nach Vergebung von den Menschen, die wir verletzt haben.

Zu dem Thema fielen mir spontan einige Situationen ein, wo mir das Vergeben und Vergessen heute noch schwerfällt. Sicherlich erinnert sich jeder von uns an solche Momente, in denen uns Menschen in irgendeiner Art und Weise enttäuscht oder verletzt haben. Wir wissen alle, wie schwierig es ist, nach so einem Vorfall zu verzeihen und wieder ein gutes Verhältnis herzustellen.

Solche Situationen können beispielsweise entstehen, wenn uns jemand provoziert, beleidigt, ausnutzt oder Unwahrheiten über uns erzählt. Oftmals reicht es schon, wenn jemand nur seinen eigenen Vorteil auf Kosten von uns oder anderen sucht.

Oder es kommt zu Auseinandersetzungen zwischen Familienangehörigen. Das kann dann der Fall sein, wenn es um das Erbe der Eltern, der Großeltern oder sonstigen nahen Verwandten geht. Das zukünftige Verhältnis der Angehörigen untereinander leidet häufig sehr darunter.

Auch die gegenseitige Unterstützung, wenn es um Hilfe in anderen Bereichen des Lebens geht, bleibt häufig aus. Insgeheim hoffen wir, dass uns Menschen, denen wir geholfen haben, sei es beim Bau eines Hauses, beim Umzug oder sonstigen Anlässen, in einer ähnlichen Situation auch helfen. Es ist natürlich prima, wenn wir diese Hilfe dann auch umgekehrt bekommen. Leider wird man diesbezüglich oft enttäuscht, weil die erwartete Unterstützung ausbleibt. Deshalb ist es sinnvoll, dass wir die Erwartungen diesbezüglich nicht so hochschrauben. Noch besser: Wir helfen einfach, ohne damit zu verbinden: „Ich bekomme dann ja auch etwas zurück."

Das gilt auch, wenn ich jemanden zum Essen einlade. Dann mache ich das, weil ich das gerne mache und um jemandem eine Freude zu machen und eine besondere Wertschätzung zum Ausdruck zu bringen. Ich erwarte doch dann nicht, dass ich umgekehrt auch irgendwann zum Essen eingeladen werde. Doch häufig kommt nach dem Essen die Aussage: „Beim nächsten Mal bin ich aber dran." Wir müssen lernen, anzunehmen, wenn uns jemand etwas Gutes tun möchte.

Wenn Menschen helfen und trotz ihrer Erwartung nichts zurückkommt, dann sind das diese Situationen, über die man sich zwar eine Zeit lang ärgert, mit denen man aber in aller Regel gut umgehen kann. Man kommt darüber hinweg und macht, wie man so schön sagt, einen Haken daran.

Beleidigungen, Verletzungen in verbaler Art haben eine ganz andere Qualität im negativen Sinn, ebenso auch beleidigende Aussagen in schriftlicher Form. Die Dummheit einiger Menschen, die mit primitiven Ausdrücken andere Leute beleidigen, kennt in der heutigen Zeit oft keine Grenzen. Schlimme verbale

Äußerungen, die ohne Hemmungen und Rücksicht auf die Folgen für den oder die Betroffenen ausgesprochen werden, kommen immer häufiger vor. Auch das Telefon/Handy oder die sogenannten sozialen Medien wie WhatsApp®, Facebook®, Instagram® oder Twitter®, um nur einige zu nennen, werden genutzt, um Personen zu beleidigen oder bloßzustellen.

Oft sind das erbärmliche Reaktionen von Menschen, die keine sachliche Kritik vertragen können, und anstatt sich damit auseinanderzusetzten, antworten sie nur mit verbalen Entgleisungen.

Die Anonymität dieser Medien lässt die Hemmschwelle für schlimme Äußerungen noch mehr sinken.

Es wäre wünschenswert, wenn diese feigen Mitbürger ihren Verstand einsetzen und sich über die Folgen ihrer Äußerungen für die Betroffenen im Klaren werden.

Und das, bevor mit unüberlegten, verletzenden Aussagen großer Schaden angerichtet wird. Manche Menschen merken erst, wie sie mit anderen umgehen, wenn sie selbst so behandelt werden. Dann ist das Leben auf einmal unfair!

„Das Denken ist zwar allen Menschen erlaubt, aber vielen bleibt es erspart", *hat Curt Goetz einmal gesagt.*[1]

Aber auch wir, die wir vielleicht nur Zuhörer solcher Ereignisse sind, sind hier

---

[1] https://beruhmte-zitate.de/zitate/128132-curt-goetz-das-denken-ist-zwar-allen-menschen-erlaubt-aber-v/ (letzter Zugriff am 20.02.2020).

gefragt. Schweigen und Zusehen hilft hier keinem weiter. Sich einmischen, um Schlimmeres zu verhindern, das sollte jeder nach seinen Möglichkeiten tun.

Das gilt auch für Beleidigungen, zum Beispiel gegenüber Migranten, Juden oder anderen Mitbürgern. Am 09. Oktober 2019 fand ein Attentat auf die Synagoge in Halle statt.[2] Über die fehlende Polizeipräsens an diesem jüdischen Feiertag wurde viel diskutiert. Ich bin der festen Überzeugung, dass wir mehr Menschen brauchen, die auf abfällige und faschistische Bemerkungen

---

[2] https://www.mdr.de/nachrichten/politik/regional/terror-anschlag-synagoge-halle-folgen-100.html (letzter Zugriff am 24.02.2020) und https://www.zeit.de/campus/2019-10/judenfeindlichkeit-antisemitismus-anschlag-halle-ueberlebende (zuletzt abgerufen am 24.02.2020).

gegenüber anderen Menschen und Religionen reagieren. Dann wäre irgendwann der polizeiliche Schutz von Mitgliedern anderer Religionen gar nicht mehr erforderlich.

Sich einmischen, das gilt auch für Angriffe in der Schule oder auf der Arbeit, wenn Menschen gemobbt oder sonst in irgendeiner Weise angegriffen oder ausgegrenzt werden. Wie oft könnte durch die Unterstützung für den oder die Betroffenen eine Eskalation durch Mobbing verhindert werden. Natürlich ist die Art des Eingreifens immer situationsabhängig. Es spielt dabei eine große Rolle, was für ein Typ man ist: Ist man selbstbewusst? Oder bringt man sich oder andere dabei in Gefahr usw.? Aber wie bereits erwähnt: Oft helfen ein paar Worte der Solidarität mit dem Opfer, die Situation zu entschärfen. Oder man holt einfach nur Hilfe und Unterstützung, bevor noch Schlimmeres passiert.

Bei persönlichen Angriffen spielt es eine große Rolle, wie jemand damit umgeht. Der eine steckt Beleidigungen und Mobbingangriffe einfach weg, nach dem Motto „Was kümmert mich die Dummheit dieser Leute". Für den anderen kann das schlimme psychische Folgen haben. Viele Betroffene fangen in solchen Situationen an zu weinen.

Die Schwachheit von Personen auszunutzen ist armselig und feige.

Menschen, die so etwas machen, kriegen oftmals in ihrem Leben selber nichts geregelt und lassen diese Unzufriedenheit an anderen Personen aus.

Den Betroffenen fällt es je nach Intensität der Verletzung entsprechend schwer oder leicht zu vergeben. Dabei ist das Vergeben eine Sache, das Geschehene hat man dadurch noch lange nicht vergessen. Spätestens wenn man der Person erneut begegnet, ist die belastende Situation wieder präsent. Demütigungen zu vergeben erfordert neben einem klärenden Gespräch oft viel Geduld und Toleranz. Solche Ereignisse können einen ein Leben lang belasten. Oft kann man an nichts anderes mehr denken.

Situationen, in denen man sich selbst falsch verhalten hat, belasten einen in gleichem Maße. Bei all den ganz bewussten Verletzungen kann es auch passieren, dass man jemanden kränkt, ohne es zu wollen und zu bemerken.

Wir Menschen sind sehr verschieden und dadurch auch unterschiedlich sensibel und angreifbar. Gerade die unbewusste Verletzung kommt in der heutigen Zeit sehr häufig vor. Flotte Sprüche prägen Unterhaltungen. Man verliert schnell ein gewisses Taktgefühl sowie den Respekt und die Wertschätzung dem Gesprächspartner gegenüber.

Deshalb sollten wir öfters darüber nachdenken, ob die eine oder andere Aussage nicht völlig überflüssig ist, um

Schaden zu vermeiden. Manchmal ist man selbst derjenige, den ein solcher Spruch in einer Unterhaltung trifft und das Gegenüber bemerkt noch nicht einmal, dass einem die Äußerungen so nahe gehen und was diese auslösen.

Deshalb ist es wichtig, dass wir dies dem- oder derjenigen mitteilen. Tun wir das nicht, machen wir uns selbst das Leben schwer. Wir sind verärgert über das Verhalten der Person, obwohl sich diese keiner Schuld bewusst ist.

Nur wenn man miteinander redet, dem anderen sagt, was einen belastet, kann man Streit und falsche Gedanken vermeiden.

Es ist für die Person, die verletzt wurde, auch deshalb wichtig, dies mitzuteilen, damit sich der Verursacher oder die Verursacherin in Zukunft hoffentlich anders verhält.

Ich sage bewusst hoffentlich, weil es leider „Experten" gibt, für die die Worte wie „Anstand" und „Respekt" Fremdwörter sind. Oft können diese Leute umgekehrt überhaupt nichts einstecken. Man wünscht sich in diesen Situationen, dass diese Zeitgenossen sich einmal selbst begegnen.

Um unserer selbst willen sollten wir uns nach Möglichkeit mit Menschen umgeben, die uns so mögen, wie wir sind. Das heißt im Umkehrschluss: Wir sollten uns auch für keinen verändern, wenn wir das selber nicht wollen. Wir sollen anderen vergeben. Doch was sollen wir tun, wenn wir nach schlimmen Ereignissen die Kraft zum Verzeihen nicht aufbringen? Wir sind oft so sehr verletzt und unsere Gefühle sind so aufgewühlt, dass das Vergeben nicht so einfach ist. Ist es nicht unmenschlich und unrealistisch, in einer solchen Situation Liebe und Vergebung zu fordern?

Vergib deinem Nächsten – eine Aufforderung, die häufig sehr schwerfällt. Aber lasst uns versuchen zu vergeben, so wie Jesus uns dazu auffordert. Ich weiß, es ist nicht immer leicht, einen Schritt auf Menschen zuzugehen, die uns verletzt haben. Doch ist allein schon das Bestreben, dies zu tun, wichtig. Wenn man durch dieses Bestreben nur erreicht, dass man sich wieder in die Augen schauen kann, dann ist dies schon ein großer Erfolg.

Oft hilft eine gewisse Distanz zu Personen, mit denen man ein Problem hat. Manchmal verändert sich dadurch im Laufe der Zeit die zerrüttete Beziehung von selbst wieder hin zum Guten.

Aber es kann auch vorkommen, dass die Verletzung so groß ist, dass man allein aus Selbstschutz ein erneutes Zusammentreffen vermeiden möchte. Das muss man respektieren. Manchmal ist das sogar besser.

Neue Schritte wagen!

Bei all dem kann es sehr hilfreich sein, sich im Gebet an Gott zu wenden, da man je nach Grad der Verletzung oft gar nicht in der Lage ist, das Geschehene zu verarbeiten, um damit allein fertigzuwerden. Ihm zu erzählen, was einen belastet, und ihn um

Hilfe zu bitten, kann eine sehr befreiende Wirkung haben. Die Vergebung, die wir für unsere Verfehlungen bei Jesus suchen, bietet er uns jeden Tag von Neuem an.

Im Matthäusevangelium wird berichtet, dass Petrus folgende Frage an Jesus stellt:

„Wie oft soll ich meinem Bruder vergeben, wenn er sich gegen mich versündigt hat? Siebenmal?

Jesus sprach zu ihm: Ich sage dir:

nicht siebenmal, sondern

siebzigmal siebenmal.

(Matthäus 18,22; Lut 2017)

Kapitel 3: Sind Zweifel im Glauben erlaubt?

Glauben fällt in manchen Lebenslagen schwer, auch dafür hat Jesus Verständnis. Die Gemeinschaft mit anderen Christen kann hier sehr hilfreich sein.

Früher war ich der Meinung, ich brauche keinen Gottesdienst und keine Gemeinde, um an Gott zu glauben. Mag sein, dass dies auch für einige Menschen zutrifft. Mir ist jedoch sehr schnell klar geworden, dass nicht nur mein persönliches Gebet mit Gott wichtig ist, sondern auch der Kontakt und Austausch mit anderen Christen. Es hat in meinem Leben immer wieder Phasen gegeben, in denen ich gezweifelt habe und mein Glaube sehr schwach war. Unter anderem haben Pfarrer dazu beigetragen, die sogar so weit gingen, ihre eigenen

Erfahrungen im Glauben als Maßstab für alle Menschen einzufordern.

Das Wort „Bekehrung" ist mir in meinem Glaubensleben sehr häufig begegnet. Leider nicht nur im positiven Sinn. Ich kann mich noch sehr gut an eine Predigt erinnern, die ich vor einigen Jahren gehört habe. Der Pastor sprach davon, dass sich seine Tochter vor Kurzem bekehrt habe. Er habe jedoch schon am Nachmittag festgestellt, dass da nichts dran sei.

Das ist eine Aussage, mit der sich der Prediger anmaßt zu beurteilen, wer nun richtig glaubt und wer nicht. Mit dieser Auffassung setzt er die eigene Bekehrung, wie er diese selbst erlebt hat, als Maßstab für den richtigen Glauben.

Solche Beispiele haben mich immer abgeschreckt, weil ich der Überzeugung bin, dass uns eine Beurteilung oder sogar Verurteilung dieser Art nicht zusteht. Die Begriffe „Bekehrung" und „Wiedergeburt" haben sicherlich ihren Stellenwert in der Bibel. Es sollte daraus jedoch niemand den Anspruch einer einheitlichen Erfahrung für alle Menschen, die zum Glauben kommen, ableiten. Ja, Bekehrung als die bewusste Entscheidung, an Jesus Christus zu glauben, empfinden viele Menschen als einen totalen Neuanfang für ihr Leben. Sicher, es ist eine sehr besondere Erfahrung, dass man viele Dinge neu hinterfragt und eine andere Perspektive für sein Leben hier auf Erden und über den Tod hinaus bekommt.

Es gibt jedoch viele Christen, wenn nicht sogar die meisten, die ihre Bekehrung und Wiedergeburt im Glauben nicht so gravierend erleben oder erlebt haben.

Viele Menschen können mit diesen Worten gar nichts anfangen, obwohl sie sich schon vor langer Zeit ganz bewusst für den Weg als Christen entschieden haben. Aber deshalb gehören natürlich auch diese Brüder und Schwestern zur Gemeinde Jesu, ohne dass sie ihren Glauben hinterfragen müssen, nur weil irgendwelche Prediger diesen infrage stellen.

Beispiele von Christen, die eine schlimme Vergangenheit hatten, zeigen, dass diese Menschen Bekehrung und Wiedergeburt viel einschneidender erleben, als Menschen, die diesen Werdegang nicht hatten. Die Mitglieder von Glaubensgemeinschaften, die den Weg zum „einzig wahren Glauben" nur durch bestimmte Rituale und Erlebnisse als richtig anerkennen, sollten sich u. a. folgende Fragen stellen:

- Was ist mit den Millionen von Menschen, die an Depressionen leiden, keinen klaren Gedanken fassen können und jeden Tag an ihrer Krankheit verzweifeln?
- Was ist mit den vielen Menschen, die an anderen psychischen Erkrankungen leiden?
- Was ist mit geistig behinderten Menschen?

- Was ist mit Menschen, die ein Leben lang auf der Schattenseite des Lebens standen und immer noch stehen?
- Was ist, wenn der eigene Partner oder die eigenen Kinder andere Wege gehen?
- Was ist mit den Menschen, die sich aus Verzweiflung das Leben nehmen?

Es gibt noch unendlich viele Beispiele, die ich hier aufzählen könnte. Ich kann und möchte auf diese Fragen gar keine Antwort geben.

Auch wenn es sicherlich Christen gibt, die meinen, auch diese Fragen irgendwie beantworten zu müssen. Es wäre schön, wenn sich diese Menschen einfach eingestehen würden, dass es offene Fragen gibt, die wir nicht mit einem Bibelvers oder eigenen Interpretationen beantworten können.

Jesus handelt oft sehr überraschend. Deshalb sollten wir vorsichtig mit Aussagen sein, die sehr dogmatisch, bestimmend und vielleicht sogar verurteilend sind.

Wir dürfen uns auch immer vor Augen halten, dass wir als Christen nicht perfekt sein müssen. Weder in unserem Alltag noch in unserem sonstigen Glaubensleben.

Es gibt so viele Beispiele in der Bibel, in denen selbst Menschen, die im engsten Umfeld unseres Herrn gelebt haben, schwach geworden sind. Sogar Petrus, der dreimal behauptet hat, er würde Jesus nicht kennen (Markus 14,66-72).

Zu Jesus dürfen wir kommen, so wie wir sind, mit all unseren Fehlern und Ängsten.

Glauben an unseren Herrn heißt, sich bewusst zu machen, dass Gott nicht all unsere Wünsche erfüllt, aber mit Sicherheit alle seine Verheißungen.

Das lässt uns gelassener in die Zukunft schauen. Zu wissen, dass wir nie tiefer fallen können als in seine Arme, gibt uns das Gefühl der Geborgenheit.

Und siehe, ich bin bei euch alle

Tage bis an der Welt Ende.

(Matthäus 28,20; *Lut* 2017)

Dieser Bibelspruch schmückt die Empore der evangelisch-reformierten Kirche auf dem Rödgen in der Gemeinde Obersdorf (Wilnsdorf). Mittlerweile nennt sich die Gemeinde durch einen Zusammenschluss Ev.-Ref. Kirchengemeinde Rödgen-Wilnsdorf.

Wenn man diese schöne Kirche betritt, fällt dieser Bibelvers über der Kanzel sofort ins Auge. Die Rödger Kirche gehört zu den bekanntesten und sicherlich auch zu den schönsten evangelischen Kirchen im Siegerland. Sie ist auch eine sehr beliebte Hochzeitskirche weit über die Region hinaus. Hochzeitspaare kommen von weit her, um sich dort das Jawort zu geben.

Wenn man vor dem Eingang der Kirche steht, hat man eine tolle Aussicht auf weite Teile des schönen Siegerlandes.

Früher war dieses Gotteshaus eine Simultankirche, d. h auch die katholische Kirchengemeinde nutzte den evangelischen Teil für ihre Gottesdienste. Die katholische Gemeinde baute später einen eigenen Kirchenraum an der anderen Seite des Turmes an.

Heute wird der Kirchturm mit seinen drei Glocken immer noch von beiden Konfessionen genutzt. Die älteste Glocke ist die Marienglocke, sie stammt aus dem Jahr 1512.

Beide Kirchen sind nur durch den Kirchturm voneinander getrennt. Solch eine Konstellation zwischen katholischer und evangelischer Gemeinde findet man nur sehr selten.

Meine Frau war in der evangelischen Kirchengemeinde zwanzig Jahre als Küsterin tägig. Unsere Kinder sind in Obersdorf aufgewachsen und wir haben dort sehr schöne Jahre verbracht.

Wir sind dankbar, dass viele Freundschaften aus dieser Zeit auch heute noch Bestand haben.

Rödger Kirche

Evangelische Kirche
(Johanneskirche-Rödgen)

Kapitel 4: Werden christliche Feiertage immer bedeutungsloser?

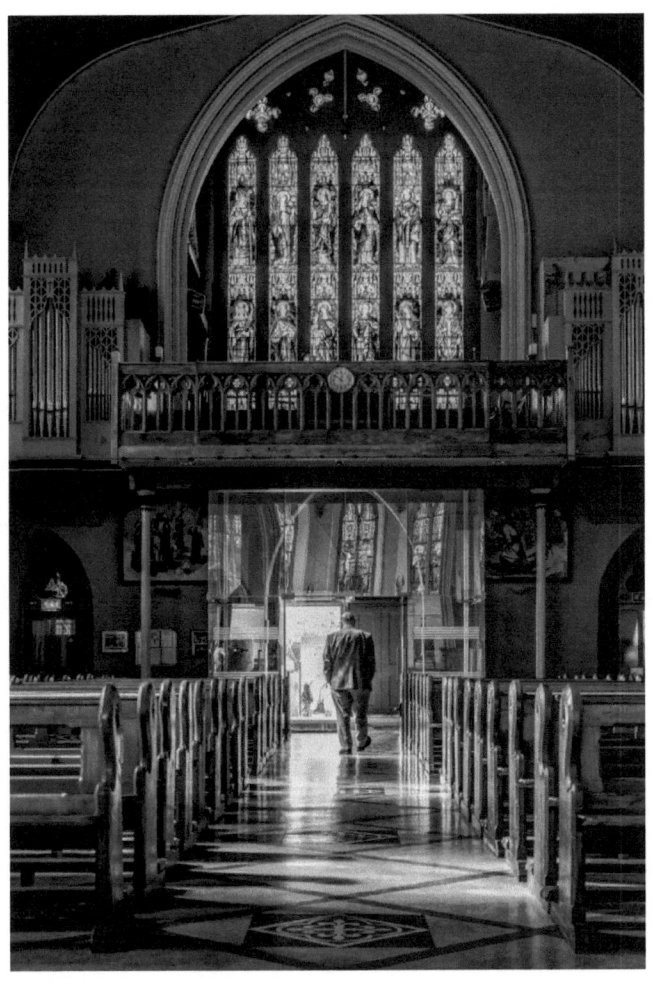

Für viele Menschen haben die kirchlichen Feiertage an Bedeutung verloren.

Eine Umfrage, die im Jahre 2015 in der Schweiz von statista durchgeführt wurde, zeigt den Stellenwert von Weihnachten in der Schweizer Bevölkerung zu dieser Zeit.[3]

Es wurde bei der Umfrage gefragt, was Weihnachten jeweils für den Einzelnen bedeutet. Die meisten der Befragten sahen Weihnachten in erster Linie als ein Fest im Kreise der Familie an (72 %). Für sehr viel weniger Menschen ist Weihnachten ein Fest, an dem man sich an die Geburt Jesu erinnert (18 %). Für lediglich 8 % der Befragten ist Weihnachten ein Tag wie jeder andere.

---

[3] https://bit.ly/32meY9j (zuletzt abgerufen am 24.02.2020).

Ich war überrascht, um es mal vorsichtig auszudrücken, wie wenig Menschen sich noch mit dem eigentlichen Sinn von Weihnachten beschäftigen. Eine Forsa Umfrage von 2006 im Auftrag des Magazins „Stern" stellte die gleiche Frage.

Als Ergebnis kam heraus, dass jeder zehnte Bundesbürger nicht wusste, warum Weihnachten gefeiert wird.[4]

Focus Online hat im Juni 2019 in einer Umfrage danach gefragt, warum wir Pfingsten feiern. Manche nahmen an, dass wir die Kreuzigung Jesu feiern, andere glaubten, dass es die Auferstehung Jesu sei

---

[4] https://bit.ly/3bYMZBb (zuletzt abgerufen am 24.02.2020).

und wieder andere, dass es mit Palmzweigen zu tun habe.[5]

Oft sind kirchliche Feiertage nur noch willkommene Festtage, an denen man frei hat, wo die Familie zusammenkommt und man sich auf ein gutes Essen freut. Viele Christen besuchen den Gottesdienst ihrer Gemeinde nur noch einmal im Jahr an Heiligabend.

Menschen, die sich den ursprünglichen Sinn der christlichen Feiertage bewusst machen, werden immer weniger. Das wird durch Umfragen zu diesem Thema bestätigt.

---

[5] https://bit.ly/2vMBhZM (zuletzt abgerufen am 25.01.2020).

Das alles sind Entwicklungen, die ich zwar schade finde, aber nicht verurteilen möchte. Vieles ist unserer modernen Zeit geschuldet, in der Glauben und Kirche keine große Rolle mehr spielen bzw. es oft völlig out ist, sich als Christ zu bekennen. Die Frage ist: **Was kann man daran ändern?**

Was können wir tun, damit zumindest die Jugendlichen eine andere Einstellung und Erklärungen zu diesen Themen bekommen? Die Eltern können sicherlich einiges dazu beitragen, aber auch die Lehrkräfte für Religion in den Schulen sowie die hauptamtlichen Pfarrer und Gemeindepädagogen sind unter anderem mehr gefordert. Die vielen ehrenamtlichen Mitglieder von Jugendgruppen und sonstigen christlichen Vereinen wie dem CVJM können ebenfalls viel zur Aufklärung beitragen.

Ein wichtiger Baustein, um Jugendliche für die Gemeinde Jesu zu begeistern, ist neben einer guten Gemeindearbeit auch eine attraktive Jugendarbeit.

Allerdings reichen schöne, gut ausgestattete Gemeinderäume dafür nicht aus. Eine interessante, motivierende Jugendarbeit anzubieten, erfordert viel ehrenamtliches Engagement.

Mitarbeitende werden gebraucht, die durch ihre Lebensart und ihre Sprachgewandtheit, in der Lage sind, Jugendliche zu motivieren. Jeder soll sich nach seinen Gaben in der Gemeinde Jesu einbringen. Das heißt auch, dass nicht jeder im Mittelpunkt stehen kann. Gerade die Aufgaben im Hintergrund sind besonders wichtig.

Dies alles zu organisieren, ist nicht einfach. Im Gegenteil: Es ist eine große Herausforderung, wenn man das Ziel hat, jeden an der richtigen Stelle, nach ihrer oder seiner Stärke einzusetzen. Das alles erfordert eine Menge Geduld und Fingerspitzengefühl.

Ich weiß sehr wohl, dass vieles hiervon unter die Kategorie Wunschdenken fällt! Aber selbst wenn man die Gemeinde und Jugendarbeit nicht ganz so perfekt hinbekommt, finden sich immer Wege, die man sinnvoll auf die aktuelle Situation anwenden kann. Kurz gesagt: Man muss wie in anderen Situationen im Leben immer versuchen, das Beste aus den Möglichkeiten zu machen, die einem zur Verfügung stehen. (An dieser Stelle herzlichen Dank an alle ehrenamtlichen Helferinnen und Helfer für ihre wertvolle Arbeit!)

Ich möchte noch mal auf die Gemeindemitglieder eingehen, die nur sehr selten den Gottesdienst besuchen.

Anstatt sich über diese Kirchenbesucher, die nur ein- oder zweimal im Jahr den Gottesdienst besuchen, aufzuregen, sollten wir diese freundlich empfangen. Sie sollen sich bei uns wohlfühlen. Die Begegnungen mit Leuten, die man nicht so häufig im Gottesdienst sieht, können eine große

Chance sein, bestehende Vorurteile abzubauen.

Alle Menschen, ob Kinder oder Erwachsene, sollen sich bei uns herzlich willkommen fühlen.

Häufig haben Menschen, die nur selten einen Gottesdienst besuchen, jedoch wie bereits erwähnt Vorurteile gegenüber uns „Frommen" (und leider haben sie ja auch oft recht damit).

Diese können aber durch eine positive Haltung gegenüber diesen seltenen Gästen in eine vertrauenswürdige und angenehme Atmosphäre umgewandelt werden. Ja, das gilt sogar besonders für Menschen, die nur einmal im Jahr an einem Feiertag zum Gottesdienst kommen. Die Reaktion, welche häufig auf unser freundliches Verhalten folgt, tut uns dann selbst auch gut und häufig ergeben sich sogar noch sehr angenehme Gespräche.

Wir müssen dazu nicht ständig mit einem aufgesetzten Grinsen durch die Gegend laufen, das will und erwartet auch niemand. Dennoch sollten wir beim Sonntagsgottesdienst nicht mit einem Gesicht an der Eingangstür der Kirche stehen, das die Besucher glauben lässt, sie wären auf einer Trauerveranstaltung.

Eine schöne und sinnvolle Einrichtung in vielen Kirchengemeinden ist der sogenannte Kirchenkaffee.

Man geht nach dem Gottesdienst nicht sofort nach Hause, sondern hat die Möglichkeit, noch eine Tasse Kaffee oder Tee gemeinsam zu trinken. Je nach den örtlichen Gegebenheiten findet der Kirchenkaffee entweder in der Kirche, vor der Kirche oder im Gemeindehaus statt, das ist von Gemeinde zu Gemeinde verschieden. So kann man sich noch in aller Ruhe über den Gottesdienst oder andere Themen austauschen. Gemeinden, die noch keinen „Nachkaffee" anbieten, sollten diese Möglichkeit auf jeden Fall prüfen.

In meiner bereits erwähnten früheren Gemeinde im Siegerland wurde in regelmäßigen Abständen nach dem Gottesdienst ein Predigtnachgespräch angeboten (damals von Pastor Dieter Weber).

Ich fand dieses Angebot sehr hilfreich, weil dort einzelne Teile der Predigt noch mal aufgearbeitet wurden. Man konnte Fragen stellen, wenn man die eine oder andere Stelle der Predigt nicht richtig verstanden oder falsch interpretiert hatte. Oder man nutzte die Gelegenheit, den Pastor einfach mal das zu fragen, was man immer schon von ihm wissen wollte. Zudem waren die Aussagen und Fragen der anderen Teilnehmer oft sehr interessant.

Wenn eine Gemeinde beides anbieten möchte, könnte sie zum Beispiel im Wechsel Kirchenkaffee und Predigtnachgespräch anbieten.

Solche Angebote der Gemeinden sind sehr wichtig, damit über den Gottesdienst hinaus ein Austausch miteinander stattfinden kann. Das ersetzt zwar keine festen Veranstaltungen, wie zum Beispiel den Bibelkreis, Frauenkreis oder sonstige regelmäßige Treffen, aber es ist auf jeden Fall eine gute Möglichkeit des Austausches mit Gemeindemitgliedern und Gästen.

Kapitel 5: Warum lässt Gott das zu?

Oft richten wir Menschen schlimme Dinge an und verursachen damit großes Leid. Ja, viel Elend könnte von uns Erdenbürgern verhindert werden.

Jeden Tag, bekommen wir durch die Medien schreckliche Ereignisse mitgeteilt: Naturkatastrophen, Kriege, Geiselnahmen, Folterungen, Taten von Kinderschändern, Vergewaltigungen, Flugzeugabstürze, Überfälle usw. Ich könnte die Liste unendlich fortsetzen.

Auch die Präsidenten vieler Länder handeln nicht immer, im Sinne des eigenen Volkes. Leider wird durch deren Entscheidungen oft die Bevölkerung anderer Länder in Mitleidenschaft gezogen. Namen wie Trump, Assad, Putin, Kim Jong-un sind nur wenige Beispiele dafür. Viele

Entscheidungen dieser Machthaber verängstigen uns.

Was ich genauso erschreckend finde ist die Tatsache, dass bei uns in Deutschland Parteien wie die AFD von immer mehr Bürgerinnen und Bürgern in die Parlamente gewählt werden. Die Ergebnisse der letzten Wahlen sind beängstigend.

Die Parolen, die von vielen Anhängerinnen und Anhängern dieser Partei auf Kundgebungen geschrien werden, sind nicht selten menschenverachtend und lassen leider nur den Schluss zu, wie ihn der Kabarettist Dieter Nuhr in diesem Zusammenhang mal

formuliert hat: *„Geist addiert sich nicht,*
Dummheit schon!"[6]

Aber machen wir uns nichts vor! Es wird immer wieder Parteien geben, die durch ihre radikale und oft menschenverachtende Politik bestimmte Wählergruppen für sich begeistern. Es wird immer wieder neue Machthaber geben, die Entscheidungen gegen ihr eigenes Volk bzw. gegen den Rest der Menschheit treffen.

Aber was ist mit den schlimmen Geschehnissen, die ohne menschliches Verschulden passieren und die uns ganz persönlich treffen.

---

[6] Zitiert nach: Jahresrückblick 2014,
https://www.youtube.com/watch?v=RQi0vyyHfws
(zuletzt abgerufen am 24.02.2020).

Besonders Schicksalsschläge, die wir im Laufe unseres Lebens in unseren Familien und im Freundeskreis erleben, sind sehr belastend.

Das kann eine schwere Krankheit oder der Verlust eines geliebten Menschen sein. Negative berufliche Veränderungen oder Arbeitslosigkeit können der Auslöser einer schweren Krise sein.

All das wirft für uns Christen immer wieder Fragen auf, warum dies oder jenes passiert oder passieren musste. Der häufig im Siegerland verwendete Spruch „Kommt zu Jesus und alles wird gut" ist wirklich nur ein Spruch.

Die Frage nach dem Warum stelle ich mir auch heute noch oft. Besonders, wenn es ganz persönliche Ereignisse sind, die einen aus der Bahn werfen.

Bei allem Optimismus im Glauben stellt sich die Frage, warum uns Gott trotz intensiven Gebetes nicht öfter aus unseren Problemen heraushilft. Doch auch wenn wir glauben, so müssen wir uns immer darüber im Klaren sein, dass schlimme Dinge geschehen, bei denen die Warum-Frage in diesem Leben nicht beantwortet werden wird.

Kapitel 6: Krankheit, Pflegefall – was nun?

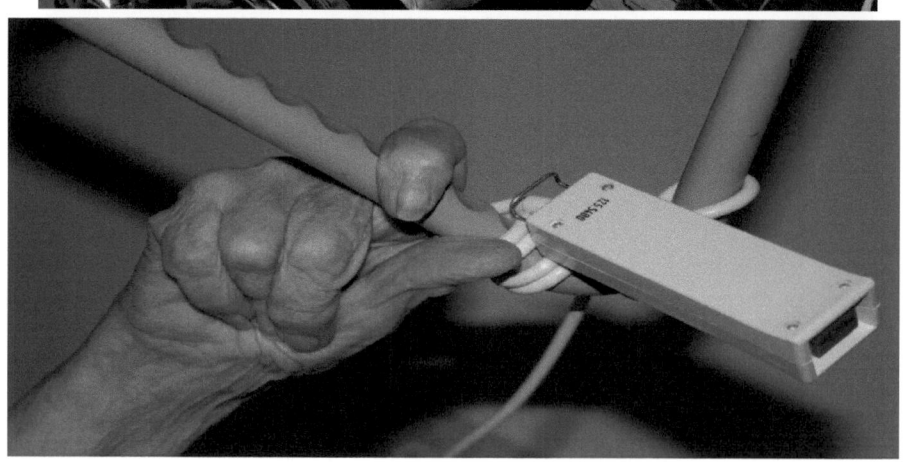

Krankheiten und die Pflege von Angehörigen gehören in vielen Familien zum Alltag. Wenn zum Beispiel der Vater oder die Mutter pflegebedürftig wird, muss die Familie überlegen, wie man mit dieser Situation am besten umgeht.

Ich möchte die Eltern einfach mal als Beispiel nehmen, da diese am häufigsten von Pflege betroffen sind.

In den meisten Familien erklärt sich von den Angehörigen die Tochter bereit, diese zeitintensive und anstrengende Aufgabe zu übernehmen.

Wenn sich die Tochter oder der Sohn bereit erklärt, alles dafür zu tun, dass der Vater oder die Mutter trotz schwerer gesundheitlicher Probleme einen schönen Lebensabend im Kreis der Familie verbringen kann, dann verdient das alle Hochachtung. Es ist ein Geschenk, wenn Angehörige die Pflege der Mutter oder des Vaters übernehmen. Die Dankbarkeit und die damit verbundene Wertschätzung der Eltern für diese Pflege ist sehr wichtig.

Lob und Anerkennung machen vieles leichter. Das gilt übrigens für alle Lebensbereiche.

Wichtig ist aber auch, dass man sich eingesteht, wenn die notwendige Pflege und Betreuung nicht geleistet werden kann. Viele Menschen können heutzutage aus verschiedenen Gründen die Pflege ihrer Angehörigen nicht übernehmen. Auch wenn sie das gerne möchten! Häufig sind Familien zum Beispiel auf den zweiten Verdienst aus dem Job angewiesen. Oder sie können aus gesundheitlichen Gründen die Pflege selbst nicht übernehmen.

Leider kommt es auch vor, dass Pflegbedürftige den ganzen Tag alleine sind und für die Zeit der Abwesenheit der Pflegekraft vor den Fernseher gesetzt werden. Die Mahlzeiten werden zwar bereitgestellt, aber die notwendige Betreuung und Kommunikation findet den überwiegenden Teil des Tages nicht statt. Das hat dann nichts mehr mit einer würdigen Versorgung des oder der Angehörigen zu tun.

Die Gründe dafür können vielfältig sein: Vielleicht muss die pflegende Person neben der Betreuung des kranken Menschen noch Vollzeit arbeiten. Oder die Belastung ist durch die Pflegeaufgaben so groß, dass die Partnerschaft darunter leidet. Wenn noch kleine Kinder Teil der Familie sind, kann die zusätzliche Versorgung der oder des Pflegebedürftigen sich zeitlich ebenfalls als problematisch herausstellen. Manchmal fehlen auch einfach die nötige Geduld und Kraft, jemanden zu pflegen. In solchen Situationen sollten die Angehörigen überlegen, ob eine geeignete Senioreneinrichtung nicht der bessere Ort für die hilfsbedürftige Person ist.

Es gibt viele Leute, deren Leben durch eine oder mehrere Krankheiten sehr eingeschränkt ist. Diese Menschen haben allen Grund zum Klagen und fragen sich zu Recht, warum sie solche Schicksalsschläge ertragen müssen.

Es ist jedoch bewundernswert, wie viele Leute sich trotz ihrer schweren Krankheit kaum beklagen und stattdessen versuchen, ihre Einschränkungen zu akzeptieren.

Allerdings gibt es auch Menschen, denen es bei weitem nicht so schlecht geht und die sich dennoch immer nur beklagen. Manchmal kommt es vor, dass diese Personen anrufen und ihren Gesprächspartner gar nicht zu Wort kommen lassen, obwohl bekannt ist, dass dieser auch an einer oder mehreren Krankheiten leidet.

Diese Menschen reden die ganze Zeit – gefühlt ohne Luft zu holen – von sich selbst.

Ganz beiläufig wird dann erst am Ende des Gesprächs gefragt: „Wie geht es dir eigentlich?"

Nicht nur die Sensibilität und die Höflichkeit bleiben bei solchen Gesprächen auf der Strecke, sondern auch die fehlende Wertschätzung. Jeder Mensch ist verschieden. Deshalb geht auch jeder mit Krankheiten anders um. Was für den einen krankheitsmäßig eine Katastrophe ist, kann für den anderen ein Zustand sein, mit dem der- oder diejenige gut klarkommt.

Welche Möglichkeiten haben wir selbst, um mit unseren Handikaps besser umzugehen? Eine schlechte Variante wäre folgende: Wir könnten jeden Morgen aufstehen und uns einreden, wie schlecht doch die Welt ist. Davon wird die Situation aber auch nicht besser. Im Gegenteil: Diese Gedanken ziehen uns nur noch mehr herunter.

Oder wir versuchen, den Tag positiv zu beginnen und unsere Krankheiten mit den daraus folgenden Einschränkungen ein Stück weit zu akzeptieren. Das gelingt sicherlich nicht immer. Aber wir können zumindest versuchen, positiv zu denken, um die eigene Lebensqualität ein Stück weit zu verbessern.

Ich weiß, wovon ich spreche: Im Jahr 2015 habe ich die Diagnose Parkinson bekommen. Die Begleiterscheinungen dieser Krankheit sowie diverse andere gesundheitliche Beeinträchtigungen und

Operationen machten in den letzten Jahren monatelange Klinikaufenthalte erforderlich.

Zudem mussten wir in den letzten Jahren mit schlimmen Erkrankungen unserer Kinder und anderer Familienmitglieder fertigwerden. Ich gehöre also auch zu den Personen, die jeden Morgen schimpfend den Tag beginnen könnten. Und um ehrlich zu sein: Manchmal ist mir auch danach! Doch der tägliche Versuch, die eigene Lebenssituation zu akzeptieren und dadurch ein Stück weit zufriedener zu werden, macht das Leben deutlich lebenswerter. Das ist nicht nur für uns selbst gut, sondern auch eine große Erleichterung für die Angehörigen.

Kapitel 7: Was ist der Sinn des Lebens?

Lassen wir bei dieser Frage mal die Bibel, Jesus, und unseren Glauben außen vor …
Was ist der Sinn des Lebens?

Die „Vermächtnis"-Studie vom Februar 2016, welche die Wochenzeitung „Die Zeit" in Auftrag gegeben hatte, ergab Folgendes[7]:

Für den größten Teil der Bevölkerung spielt die Frage nach dem Sinn des Lebens eine große Rolle. Der Hedonismus (Freude, Vergnügen, Lust), also unser Ziel, das Leben zu genießen, steht bei der Bevölkerung ganz weit oben. Arbeit und Beruf sind nach dieser Studie ein zentraler Wert im Leben der Deutschen.

---

[7] https://www.wzb.eu/de/informationen-zur-vermaechtnisstudie (zuletzt abgerufen am 12.02.2020).

Auch altruistische Ziele, (Selbstlosigkeit, Rücksicht auf andere) haben in den letzten Jahren zugelegt. Das ist durchaus eine positive Entwicklung. Die Frage nach dem Sinn wird häufig gerade in den Situationen gestellt, in denen es einem nicht so gut geht.

Doch was ist nun der Sinn des Lebens? Nehmen wir den folgenden Lebenslauf eines Erdenbürgers einmal als Beispiel. So oder so ähnlich durchlaufen ihn vermutlich viele Menschen hier in Deutschland:

- Geburt
- Kindergarten/Kita
- Schule
- Ausbildung oder Studium
- erste eigene Wohnung

Und dann geht es weiter …

- das erste eigene Auto
- Freundin/Freund
- Urlaub an der Nordsee / Urlaub auf Mallorca / Urlaub in der Karibik / Urlaub auf einem Kreuzfahrtschiff

Und weiter …

- heiraten
- Kinder bekommen
- vielleicht Karriere machen, promovieren
- eine Eigentumswohnung kaufen oder ein Haus bauen
- ein größeres Auto
- Vorsitzender vom Golfclub oder eines anderen Vereins werden

- vielleicht sogar Bürgermeister
- eine Auszeichnung für besondere Verdienste, z. B. eine Urkunde oder einen Pokal

Aber spiegeln diese Dinge wirklich den Sinn des Lebens wider? Sind das wirklich alles Dinge, die so immens wichtig sind?

Verstehen Sie mich richtig. Ich finde es auch toll, ein schickes Auto zu fahren und tolle Urlaubsreisen zu unternehmen, neue Länder andere Kulturen und die oft atemberaubenden Bauwerke kennenzulernen.

Für den Moment sind das alles schöne Erfahrungen, tolle Erlebnisse, die uns faszinieren und worüber wir uns freuen. Freude, glückliche Momente sind sehr wichtig und tun uns allen gut. Aber das sind alles Dinge, die vergänglich sind. Die Frage ist: Was kommt danach, wenn wir nicht mehr so agil und voller Lebenspläne und Ziele sind? Vielleicht krank werden, einen schweren Unfall haben oder die Arbeit verlieren.

Ja, oft werden unsere Pläne durchkreuzt. Ich möchte ganze bestimmt keine pessimistische Stimmung verbreiten. Ganz im Gegenteil! Ich will aber zum Ausdruck bringen, dass es nicht nur darauf ankommt, was wir machen oder haben. Sondern dass es heilsam sein kann, auch über den Tod nachzudenken, der ja zum Leben dazugehört.

Neben unserem Glaubensleben sind die organisatorischen Dinge in diesem Zusammenhang sehr wichtig. Dazu gehören auch die Vorsorgemaßnahmen für den Fall, dass man schwer krank wird und selbst keine Entscheidungen mehr treffen kann. Hierzu zählt eine Patientenverfügung, mit der man seine Angehörigen entlasten kann, wenn Entscheidungen über lebenserhaltende Maßnahmen zu treffen sind.

Zudem ist ein rechtsgültiges Testament sehr wichtig, damit es später keine Probleme unter den Erben gibt. Für mich persönlich gehört auch dazu, dass ich bereits die Lieder für meine Beerdigung schriftlich festgelegt habe.

Das alles sind Dinge, über die man sich beizeiten Gedanken machen sollte, wenn man noch gesund ist.

Trifft man diese Vorkehrungen nicht, dann kann es sein, dass man seine Angehörigen völlig überfordert, weil diese nicht wissen, wie sich die Mutter oder der Vater entschieden hätte.

Dass man als Christ immer mal wieder Enttäuschungen erlebt, ist eine Tatsache, von der wir alle nicht verschont bleiben.

Wie oft gibt es in unserem Leben Situationen, in denen wir meinen, allein zu sein. Trotz des Betens und Bittens bleibt eine Reaktion von unserem Herrn aus.

Zweifel, insbesondere in Lebenslagen, wenn es uns nicht so gut geht, sind erlaubt.

Die Menschen, die versuchen, alles mit irgendwelchen Bibelstellen zu begründen, werden früher oder später auch an ihre Grenzen kommen.

Bei der Kreuzigung von Jesus auf Golgatha sagte einer der Verbrecher, der mit ihm gekreuzigt wurde: *„Jesus, denk an mich, wenn du in dein Reich kommst" (Lukas 23,42; NLB).*

Daraufhin sagte Jesus zu ihm: *„Ich versichere dir: Heute noch wirst du mit mir im Paradies sein" (Lukas 23,43; NLB).*

Ist das nicht eine wunderbare Aussage? Bei all den schlimmen Dingen, die auf dieser Welt passieren und speziell in unserem näheren Umfeld, dürfen wir immer daran erinnert werden, dass unser Dasein auf dieser Erde nicht alles ist.

Jesus ist Mensch geworden, er weiß, welche Probleme und Sehnsüchte wir haben. Durch seinen Tod am Kreuz hat er für unsere Schuld bezahlt. Wir brauchen ihn für unsere Sünden nur um Vergebung zu bitten. So einfach ist das? Ja so einfach!

Wir müssen nicht jedes Kapitel der Bibel auswendig lernen und erklären können. Lassen Sie uns unseren Glauben so leben, wie wir ihn verstanden haben, und mit den wichtigsten Ereignissen vor Augen, die jemals auf Erden geschehen sind:

- der Geburt Jesu
- seinem Leben und Sterben
- seiner Auferstehung

Diese Ereignisse bilden das Fundament unseres Glaubens und können uns trotz unserer Probleme viel gelassener in die Zukunft schauen lassen.

Kapitel 8: Was kommt nach dem Tod?

Wie oft haben wir uns selber schon die Frage gestellt, was nach dem Tod kommt. Viele Berichte in Zeitschriften und Broschüren befassen sich mit dem, was nach unserem Leben passiert. Einige Talkshows im Radio, im Fernsehen sowie in anderen Medien haben diese Fragestellung in den letzten Jahren öfters zum Thema gemacht.

Ich glaube, jeder Mensch stellt sich irgendwann die Frage, wohin die Reise geht. Die Bibel gibt darauf eine klare Antwort! Für jeden Menschen gibt es eine Perspektive über den Tod hinaus, die man kurz mit dem schönen Satz bezeichnen kann: **Das Beste kommt erst noch!**

Jesus Christus! Sein Leben hier auf Erden! Sein Tod am Kreuz! Seine Auferstehung!

Das alles will uns die Kraft geben, unser Leben zu meistern.

Auch prominente Menschen wie Jürgen Klopp, Trainer vom FC Liverpool, bekennen sich öffentlich zu ihrem Glauben.

In einem Interview, welches am 20.10.2016 veröffentlich wurde und das Mitarbeiter vom Gemeinschaftswerk der Evangelischen Publizistik mit Jürgen Klopp geführt haben, sagte er bezüglich seines Glaubens unter anderem Folgendes:

„Mein Glaube ist meine absolute Grundfeste, meine Reißleine, Leitlinie und Stabilisator."

„Ich lebe es meinem Empfinden nach nicht immer genug, habe aber das Gefühl, dass das verstanden wird."

„Ich bin felsenfest davon überzeugt, dass das eben kein Zufall war. Ich bin nicht erleuchtet worden oder so was."

„Ich habe aber für mich erkannt, dass ich da jemanden habe, auf den ich mich verlassen kann."[8]

Die Aussagen von Jürgen Klopp kann ich auch für mein Leben, trotz aller Höhen und Tiefen, bestätigen. Im Hinblick auf Jesus und was er uns für unser Leben und die Ewigkeit zusagt, nimmt er uns vieles weg, was uns

---

[8] Alle Aussagen:
https://www.youtube.com/watch?v=Y69mIQZ8Qvc vom
(zuletzt abgerufen am 24.02.2020)

Sorgen macht. Auch wenn er unsere Geduld oft auf die Probe stellt und wir viele Dinge nicht verstehen. Er schafft trotzdem viel Hoffnung in unserem Leben für die Gegenwart und die Zukunft.

Mut machend ist für mich in diesem Zusammenhang die Geschichte in Matthäus 9,2-8. Hier brachten Männer ihren gelähmten Freund auf Umwegen zu Jesus. Sie mussten sich dazu sehr anstrengen. Und Jesus sah ihr Vertrauen und vergab dem Gelähmten seine Schuld.

Er vergab dem Gelähmten seine Schuld! Nur aufgrund des Vertrauens, welches seine Freunde in Jesus hatten! Für mich eine der wichtigsten und berührendsten Geschichten, von denen in der Bibel berichtet wird! Die Geschichte mit dem Gelähmten finden wir auch an folgenden Stellen in der Bibel:

- Markus 2,1-12
- Lukas 5,17-26

Aus Anlass der letzten Fernsehsendung „Zimmer frei", die im WDR Fernsehen ausgestrahlt wurde, habe ich einige Ausschnitte der Sendungen aus den letzten Jahren im Internet zurückverfolgt.

Am 01.04.2012 war dort die Sängerin Maite Kelly zu Gast. Die Moderatorin stellte Maite Kelly als gläubige Frau vor und wollte von ihr wissen, welche eine Frage sie Gott stellen würde, wenn sie dazu die Möglichkeit hätte. Maite Kelly antwortete, dass sie ihn immer frage, warum er uns so sehr liebe.[9] Ich war sehr überrascht, als ich diese Antwort hörte.

Aufgrund dessen, dass Maite Kelly früh ihre Mutter verloren hatte, hätte man eher die Frage erwartet: Warum hast du zugelassen, dass ich meine Mutter so früh verloren habe? Aber je länger ich über diese Antwort nachdachte, desto klarer wurde mir noch mal, wie selbstverständlich wir die Liebe Gottes für uns in Anspruch nehmen, ohne uns daran zu erinnern oder zu hinterfragen, warum wir das verdient haben oder auch nicht.

Wenn es ums Verdienen ginge, müsste uns Gott schon längst aufgegeben haben. Wir

---

[9] https://www.youtube.com/watch?v=2fjW85kWlHA (zuletzt abgerufen am 13.02.2020).

dürfen uns darauf verlassen, dass wir bei Gott allein aus Gnade aufgehoben sind.

Kapitel 9: Christsein auch im Alltag?

Haben wir als Christen eine Verpflichtung, uns auch im Alltag so zu benehmen, dass wir unseren Glauben als Grundlage in unser Verhalten und unsere Entscheidungen mit einbeziehen?

Ich möchte diese Frage mit einem Ja beantworten. Es wird immer mal wieder Situationen geben, wo dies nicht möglich ist, aber das Bestreben danach sollte bei jedem Christen vorhanden sein.

Ich möchte mal mein Berufsleben hierfür als Beispiel nehmen. Wie oft habe ich schon Christen erlebt, die das offenbar komplett anders sehen und sich dementsprechend auch anders verhalten. Speziell bei einigen frommen Vorgesetzten hatte ich in den letzten Jahren aufgrund ihres Verhaltens den Eindruck, als würden diese ihr Christsein morgens an der Eingangstür der Firma abgeben. Es geht mir hier nicht darum, dass wir als Christen keine Fehler machen. Und auch nicht darum, uns den ganzen Tag zu hinterfragen, was wir aufgrund unseres Glaubens richtig oder falsch machen dürfen. Man bekommt mit der Zeit automatisch ein Gefühl dafür, was möglich ist und was nicht, ohne jedes Mal in Selbstzweifel zu versinken.

Nein darum geht es nicht.

Es geht auch nicht darum, dass man in Führungspositionen auch Entscheidungen treffen muss, die vielleicht Nachteile für die Mitarbeiter haben. Solche Entscheidungen können leider notwendig sein, um die Wirtschaftlichkeit des Unternehmens zu gewährleisten und damit Arbeitsplätze zu sichern.

Wobei auch in solchen Situationen die Art und Weise, wie man schlechte Nachrichten vermittelt, eine große Rolle spielt. Hier sollten Respekt und Wertschätzung vor den Mitarbeitern gewährleistet sein. Dabei kommt es darauf an, wie man solche Entscheidungen kommuniziert. Wie heißt es so schön: Der Ton macht die Musik.

Christsein im Alltag – das gilt natürlich auch für die „einfachen" Mitarbeiter im Unternehmen. Auch hier können wir uns bemühen, als Christen zu denken, zu fühlen und zu handeln. Das kann auch schon mal zur großen Herausforderung werden. Die meisten Berufstätigen wissen, was ich damit meine. Im Job hat man mit Menschen zu tun, mit denen man sich privat nie anfreunden oder den Kontakt suchen würde. Aber da muss man durch.

Wir haben auch täglich außerhalb unseres Jobs mit Menschen zu tun, mit denen wir schlechter oder auch gar nicht klarkommen. Der Umgang mit Menschen, die selber oft gar nicht bemerken, wie anstrengend sie sind, kann sehr nervig sein.

Christsein im Alltag bedeutet, dass wir uns in allen Bereichen des Lebens immer wieder daran erinnern, was unseren Glauben ausmacht und was damit verbunden ist. Das gelingt allerdings nicht immer.

Ich möchte hier nicht den Moralapostel spielen, auch ich schaffe dies häufig nicht.

Aber dennoch sollten wir uns bemühen, durch unser Verhalten kein Glaubenshindernis für andere Menschen zu werden. Es wird immer Menschen geben, die Gründe suchen, uns als Christen vorzuführen, weil wir Fehler machen wie jeder andere auch. Oder weil wir uns einfach nur als gläubige Menschen zu erkennen geben.

Noch mal: Wir sind ja durch unseren Glauben nicht fehlerfrei. Wir gehen nur anders mit bestimmten Situationen und Ereignissen um. Fakt ist: Wir könnten bei manchen Menschen vor deren Augen übers Wasser gehen und es würden immer noch Leute fragen, ob wir zu blöd zum Schwimmen sind.

Kapitel 10: Warum Weinen so wichtig ist

Was sagt die Bibel darüber? Weinen in Situationen, in denen es uns nicht gut geht, verdrängen wir gerne. Dabei kann Weinen auch eine sehr heilsame Wirkung haben. In der Bibel werden viele Situationen beschrieben, wo Menschen aus unterschiedlichen Gründen weinen.

Tränen des Heimwehs, Tränen, weil man etwas bereut. Oder man weint einfach, weil einem alles über den Kopf wächst und man das Gefühl hat, nicht mehr mit den Problemen des Alltags fertigzuwerden.

Tränen des Mitleids, Tränen wegen körperlicher Schmerzen, Tränen wegen Eifersucht. Es gibt so viel Anlässe, die zum Weinen sind, die man gar nicht alle aufzählen kann. Ja, Tränen gehören zu unserem Leben einfach dazu! Im Psalm 56,9 (NLB) spricht der Psalmbeter:

„Du zählst alle meine Klagen. Sammle alle meine Tränen in einem Gefäß. Du hast doch jede einzelne in deinem Buch festgehalten."

Was für ein Bild! Sammle alle meine Tränen in deinem Gefäß; ohne Zweifel, du zählst sie. Da ist einer, der zählt die schweren Tage meines Lebens und die der anderen Menschen. Mehr noch, da ist einer, der sammelt die Tränen, die die Menschen auf Erden weinen. Keine Träne geht verloren. Niemand weint ins Leere.

Der Prophet Jesaja schreibt: *„Den Tod wird er für immer beseitigen. Gott, der Herr, wird die*

Tränen von allen Gesichtern abwischen [...]" (Jesaja 25,8a; NLB).

Diese Worte sind nicht nur tröstlich, sondern verbreiten Zuversicht auch in schweren Stunden. Ich denke da besonders an die Situationen in unserem Leben, in denen wir vor dem Grab eines geliebten Menschen stehen. Jemanden loslassen, den wir lieben und der unser Leben geprägt und uns viele Jahre begleitet hat, das gehört sicherlich zu den schlimmsten Momenten unseres Lebens.

Die Beerdigung ist dann noch mal ein sehr emotionaler Tag. Ich finde es sehr wichtig, wenn die Besucher ihre Anteilnahme persönlich an diesem Tag ausdrücken können. Sicherlich haben Trauernde, die einen Familienangehörigen verloren haben, ihre Gründe, wenn dieser in aller Stille beerdigt werden soll. Einige Angehörige schreiben in der Todesanzeige, dass man darum bittet, von Beileidsbekundungen am Grab Abstand zu nehmen. Natürlich muss man diese Entscheidung respektieren. Ich habe jedoch die Erfahrung gemacht, dass sowohl das Gespräch auf dem Friedhof als auch das anschließende Kaffeetrinken und die damit verbundene Anteilnahme sehr guttun können. Das Treffen nach der Beerdigung mit Angehörigen, Freunden, Nachbarn und Verwandten kann eine sehr große Hilfe zur Trauerbewältigung sein.

Ich hatte zu diesem Thema als Jugendlicher eine ganz andere Meinung. Ich weiß noch genau, wie schlimm es für mich war, wenn nach der Beerdigung eines geliebten Menschen zu Kaffee und Kuchen in die hiesige Gastwirtschaft eingeladen wurde. Heute finde ich diesen Brauch, wie bereits erwähnt, sehr wichtig.

Schuld und Vergebung sind für uns Christen von großer Bedeutung. Diese zwei Worte haben für uns immer etwas mit dem Glauben an Jesus Christus und seinen Verheißungen zu tun. Sind die Erfahrungen, die wir mit dem christlichen Glauben machen, auch sehr unterschiedlich, so haben wir alle die Zuversicht auf ein Leben nach dem Tod in einer neuen Welt.

Wenn Jesus wiederkommt, wird es kein Leid mehr geben!

Er wird alle ihre Tränen

abwischen, und es wird keinen

Tod und keine Trauer und kein

Weinen und keinen Schmerz mehr

geben.

(Offenbarung 21,4; NLB)

Er will nicht nur der Maßstab unseres Lebens sein, sondern darüber hinaus verspricht er uns die Ewigkeit in seinem Reich. Das ist eine Zusage, die wir kaum fassen können. Ist das nicht eine wunderbare Prophezeiung? Der Glaube als zentraler Mittelpunkt für unser Leben. Ja, das trägt durch vieles hindurch. Noch mal:

Wir dürfen nicht vergessen, dass glauben auch heißt, mit Fragen zu leben!

Ich möchte schließen mit Worten von

Dietrich Bonhoeffer. Den folgenden Liedtext hat er im Konzentrationslager kurz vor seinem Tod geschrieben:

Von guten Mächten wunderbar geborgen,

erwarten wir getrost, was kommen mag,

Gott ist bei uns am Abend und am Morgen

und ganz gewiss an jedem neuen Tag.[10]

---

[10] https://www.dietrich-bonhoeffer.net/zitat/366-von-guten-maechten-wunderbar/ (zuletzt abgerufen am 17.02.2020).